LES

BIBLIOTHÈQUES PUBLIQUES

DE STRASBOURG

INCENDIÉES

DANS LA NUIT DU 24 AOUT 1870

———

LETTRE A M. PAUL MEYER

L'un des directeurs de la *Revue critique d'histoire et de littérature*,

PAR

RODOLPHE REUSS.

———

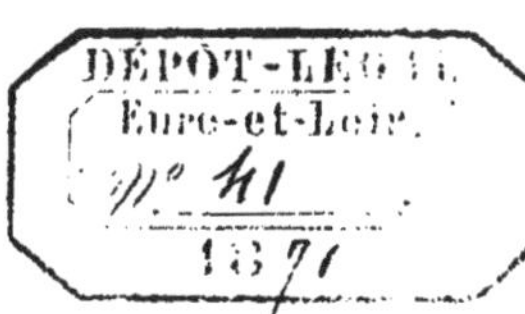

PARIS

LIBRAIRIE DE C. G. FISCHBACHER

SUCCESSEUR DE J. CHERBULIEZ

33, RUE DE SEINE

1871

Vous m'avez demandé pour les lecteurs de la *Revue critique* quelques renseignements sur les bibliothèques publiques de Strasbourg, incendiées par les obus prussiens, dans la nuit fatale du 24 août 1870. C'est avec un douloureux plaisir que je viens satisfaire à votre demande et faire revivre pour un moment tous ces trésors anéantis à jamais, à l'étude desquels j'ai dû et espérais devoir encore tant d'instants heureux de mon activité scientifique.

J'essayerai de vous retracer en quelques pages succinctes l'histoire des collections perdues, d'en apprécier la valeur et de rechercher enfin, bien que cela semble peu nécessaire, à première vue, à qui incombe la responsabilité de l'effroyable catastrophe qui nous en a privés pour toujours. L'impossibilité souvent absolue de se procurer maintenant quelques-uns des renseignements les plus nécessaires à un travail de ce genre, excusera, je l'espère, les nombreuses lacunes de cette notice aux yeux de vos lecteurs.

C'est à la suite du mouvement de la Réforme que fut créée la première bibliothèque publique de Strasbourg et l'initiative de cette œuvre utile est due à un des hommes d'État les plus distingués de la petite république rhénane, au *Stettmeister* Jacques Sturm de Sturmeck, le contemporain respecté, je dirai presque, l'ami de François Ier et de Charles-Quint. C'est en 1531 que ce magistrat suprême de Strasbourg fit voter la fondation d'une bibliothèque, entretenue aux frais de la ville, afin que les gens de lettres sans fortune pussent venir s'y livrer à leurs travaux. En 1566 cette bibliothèque devint la propriété de l'*Académie protestante*, née d'une école secondaire, qui existe encore aujourd'hui, comme école libre très-florissante, sous le nom de *Gymnase protestant*. En 1621 l'empereur Ferdinand II pour récompenser Strasbourg de s'être séparé de l'*Union évangélique*, au début de la guerre de Trente-Ans, érigea cette Académie protestante en une Université de plein exercice, à caractère confessionnel cependant, et la bibliothèque fondée par Jacques Sturm devint alors la *Bibliothèque de l'Université*. Très-modeste à ses débuts, elle avait pris quelque accroissement en 1592 par l'achat de la bibliothèque du Chapitre de la cathédrale. A cette date elle était installée déjà dans les lieux où elle devait rester jusqu'au moment de sa destruction complète. On l'avait établie en 1590 dans le chœur de la vieille église des Dominicains, qui prit plus tard, après la capitulation de 1681, le nom de l'église du Temple-Neuf. Au XVIIe siècle les richesses de la collection académique s'accrurent rapidement, soit par des achats, soit par des dons de bibliothèques entières, soit par des legs en argent, destinés à l'achat d'ouvrages nouveaux. Les plus importantes de ces acquisitions diverses furent, au xviie siècle, celles des bibliothèques du théologien J. Pappus (1614), des Jésuites de Bockenheim, en Lorraine, achetée aux Suédois, en 1634, de l'historien Mathias Bernegger (1640), du théologien Dannhauer (1668), du professeur en droit Rebhan († 1689) et de l'avocat-général Marc Otto, l'un des négociateurs de Strasbourg aux traités de Westphalie († 1674)[1]. Au xviiie siècle les collections déjà si riches de l'Université s'augmentèrent encore des belles bibliothèques du mathématicien Hartenstein (1726), du médecin Scheid (1731) et surtout de celle de la famille Wencker qui pendant plusieurs générations avait fourni des archivistes, des savants et des magistrats distingués à Strasbourg[2].

L'ouragan révolutionnaire de 1792 vint briser, comme tant d'autres créations du passé, l'Université protestante qui pendant plus de deux siècles avait attiré tant d'auditeurs de tous pays et sur les bancs de laquelle on avait vu s'asseoir les comtes de Ségur et de Narbonne, les Bignon et les Destutt de Tracy à côté des Herder et des Gœthe, des Cobentzl et des Metternich. Pendant quelques années, la bibliothèque de l'Université resta donc entre les mains de l'État. Mais après un intervalle de dix ans, la loi organique du 18 germinal an X reconstitua les cultes protestants en France et un décret du 30 floréal an XI (20 mai 1803) vint créer à neuf à Strasbourg une *Académie des protestants de la confession d'Augsbourg*, à laquelle l'Etat donna les bâtiments et la bibliothèque de l'ancienne Université. Lorsque Napoléon, quelques années plus tard, fonda l'Université de France et qu'il y eut par suite une Académie officielle de Strasbourg, l'Académie protestante dut échanger en 1808 son nom contre la dénomination plus modeste de *Séminaire protestant*, tout en conservant dans son enseignement une série de chaires extra-théologiques, mais elle garda la bibliothèque qui portait encore le nom de *Bibliothèque du Séminaire protestant* au moment de la catastrophe du 24 août. Ajoutons, pour être complet que, depuis sa réouverture comme bibliothèque de l'Académie protestante, elle avait, à trois reprises encore, notablement augmenté son fonds par l'acquisition gratuite ou rémunérée des collections du théologien Haffner (1831), du philosophe et physicien Herrenschneider (1843) et de l'helléniste Théodore Kreiss (1860).

Nous devons retourner maintenant en arrière, afin de raconter l'histoire de la

---

1. La bibliothèque d'Otto ne fut délivrée à l'Université qu'en 1692. Il y eut en outre des legs en argent de Juste Meyer, D. Steinbock, etc.

2. Le plus connu de nos jours, parmi les membres de cette famille est Jacques Wencker, l'archiviste, qui mourut en 1743, et qui écrivit une série d'ouvrages historiques et de droit public, ainsi qu'un traité curieux sur l'organisation des archives. Son grand-père, Jean Wencker, mort en 1659, composa une chronique strasbourgeoise en trois volumes in-folio, continuée par son fils et restée malheureusement inédite, et que nous aurons à mentionner plus tard. Mais le plus grand mérite, à mes yeux, de cette intéressante famille est d'avoir réuni la merveilleuse *Collectio Wenckeriana*, dont il sera question tout à l'heure, et dont la perte est absolument irréparable.

seconde des grandes collections publiques de Strasbourg qui, bien que d'origine plus récente, ne tarda pas à dépasser de beaucoup son aînée : c'est de la *Bibliothèque de la Ville* que nous voulons parler.

Le célèbre historien et diplomatiste Jean-Daniel Schœpflin (1695-1771), historiographe et conseiller du roi de France et l'une des gloires de l'ancienne Université de Strasbourg, avait réuni pendant une longue carrière, et grâce à des sacrifices pécuniaires considérables, une magnifique collection d'ouvrages historiques et archéologiques, qui servirent en partie à la composition de son *Alsace diplomatique* et de son *Alsace illustrée*, ouvrages qui forment encore aujourd'hui le fonds indispensable de la bibliothèque de tout travailleur dans notre province. Voulant que tant de soins ne fussent point perdus il conçut le projet généreux de céder sa bibliothèque, en même temps que sa collection d'antiquités à sa patrie adoptive [1], contre une modeste rente viagère de 2400 livres. Par acte notarié du 25 mai 1765 il céda donc au magistrat de Strasbourg sa bibliothèque, qui comptait alors selon l'inventaire, 10792 volumes, à condition de pouvoir l'utiliser lui-même jusqu'à sa mort, et de pouvoir en désigner en mourant le bibliothécaire. Il ne cessa de l'agrandir pendant les quelques années qu'il vécût encore et lors de sa mort, en août 1771, elle se composait de 11,425 volumes, la plupart ouvrages rares et de grande valeur, comme on peut le voir déjà par le nombre tout à fait hors de proportion de volumes in-folio et in-4°, qu'elle renfermait [2]. Schœpflin avait désigné par son testament, pour prendre soin de sa bibliothèque, un de ses élèves favoris, l'historien Chr. G. Koch, devenu à son tour une des illustrations du monde académique de Strasbourg vers l'époque de la Révolution, puis député de cette ville à l'Assemblée législative, plus tard encore membre du Tribunat et premier recteur de l'Académie de Strasbourg. Confiées à ses soins, les collections de Schœpflin furent transportées, elles aussi, dans le chœur de l'église du Temple-Neuf, mais sans être confondues avec la bibliothèque universitaire. Il fut seulement arrêté, à la suite de délibérations entre le corps enseignant et le magistrat de la ville, que ce serait l'Université qui nommerait à l'avenir le bibliothécaire de la collection Schœpflin, et que la ville porterait une partie des frais d'entretien de l'édifice appartenant à l'Université. Elle affectait en même temps une somme annuelle de 1200 livres à l'agrandissement de sa bibliothèque ainsi créée [3]. En 1783 le célèbre constructeur d'orgues alsacien, Jean-André Silbermann, également connu comme antiquaire par une excellente *Topographie historique de la ville de Strasbourg* [4], légua à son tour ses riches collections

---

1. Schœpflin n'était point Alsacien d'origine, étant né à Soulzbourg dans le margraviat de Bade-Dourlach.

2. On peut trouver les détails de cette transaction dans une *Notice sur l'origine des bibliothèques publiques de la ville de Strasbourg*, publiée à Strasbourg, en 1846 par M. le professeur Jung.

3. Ce fut surtout le préteur royal, M. le baron d'Autigny, qui seconda sur ce point les vues patriotiques de Schœpflin; amateur distingué, il ne négligeait aucune occasion d'acquérir des livres rares, qu'il donnait ensuite à la bibliothèque.

4. *Lokalgeschichte der Stadt Strassburg*, 1775; in-folio.

alsatiques ainsi que tous ses manuscrits, à la *Bibliothèque de la Ville*, comme on commençait à l'appeler.

Mais l'extension tout à fait inattendue de cette collection urbaine date de la Révolution. Lorsqu'en vertu des décrets de la Constituante, les nombreuses et riches abbayes qui se trouvaient en Alsace, furent sécularisées et leurs biens mis sous séquestre, un professeur de l'ancienne Université, J. J. Oberlin, l'un des successeurs de Koch comme bibliothécaire de la collection Schœpflin et philologue distingué lui-même, essaya de sauver autant que possible des trésors littéraires et scientifiques renfermés dans ces couvents. Grâce aux ordres qu'il sut se faire donner par les puissants du jour, il parvint à réunir à Strasbourg plus de cent mille volumes, imprimés ou manuscrits, provenant de bibliothèques d'ordres religieux ou de nobles émigrés, et, bien que beaucoup de manuscrits précieux et de volumes rares aient été de nouveau volés à cette époque, on doit une vive reconnaissance au savant zélé qui fit tant d'efforts pour soustraire le reste au naufrage[1]. On peut juger de l'importance de ces fonds divers, quand on apprend que la bibliothèque de la seule commanderie de Saint-Jean, à Strasbourg, fournit pour sa part un contingent de 2000 incunables et de 1200 manuscrits[2]. Seulement quand tous ces trésors furent réunis, Oberlin ne sut où les placer. Transportés à l'Hôtel de la Noblesse (*Ritterhaus*), puis à l'ancien Séminaire épiscopal, puis dans les bâtiments de l'École centrale du Bas-Rhin, remplacée plus tard par le Lycée, les volumes menèrent pendant quelques années une vie passablement aventureuse, et plus d'un manuscrit y périt ou du moins disparut par un coupable larcin; on les a retrouvés depuis dans différentes bibliothèques d'Europe. Ces livres séquestrés par la volonté de la nation lui appartenaient aussi; ce ne fut qu'un arrêté du 8 pluviôse an XI qui les mit à la disposition et sous la garde des municipalités. Le maire de Strasbourg, à la recherche d'un emplacement convenable pour loger une collection si volumineuse, finit par tomber d'accord avec l'administration supérieure de l'Église de la Confession d'Augsbourg sur l'utilité de placer ces livres dans le lieu où déjà se trouvait la bibliothèque du Séminaire protestant, ancienne bibliothèque de l'Université, et la collection Schœpflin. Cette dernière se vit donc réunie de fait aux acquisitions nouvelles et à partir de l'an XI les deux grandes collections, celle du Séminaire et celle de la Ville, se trouvèrent placées l'une à côté de l'autre dans les salles existantes autrefois déjà mais maintenant réparées et agrandies ou bien dans des salles construites à neuf dans le chœur du Temple-Neuf, divisé en plusieurs étages. Le

---

1. J.-J. Oberlin, fut aussi l'un des premiers à s'occuper, en France, de l'étude des *patois* si dédaignés du monde littéraire d'alors. Son *Essai sur le patois lorrain des environs du Ban-de-la-Roche*, Strasbourg, 1775, est très-curieux pour l'époque. On peut consulter sur lui et ses nombreux ouvrages, la notice biographique publiée en 1806, par l'illustre helléniste Jean Schweighæuser.

2. Le catalogue de cette belle collection, rédigé par le curé J.-N. Weislinger et le professeur Witter, a été publié par le premier dans son *Armamentarium catholicum perantiquae atque pretiosissimae bibliothecae quae asservatur Argentorati in commenda emin. ordinis milit. Sancti Johannis Hierosolymitani. Argent.* 1749 fol. Il a servi à constater plus tard les déprédations dont la collection avait souffert pendant la crise révolutionnaire.

Séminaire n'accorda la jouissance gratuite du vaste local ainsi cédé, dont il conservait uniquement la nu -propriété, qu'à la condition de voir dorénavant son propre bibliothécaire choisi également par la ville pour conserver ses collections. Cet arrangement a subsisté pendant plus d'un demi-siècle et a donné successivement à nos collections publiques une série de directeurs bien connus du monde lettré, l'illustre helléniste Jean Schweighæuser, son fils, l'archéologue Geoffroy Schweighæuser, Herrenschneider et le savant laborieux auquel nos bibliothèques doivent — (c'est *devaient* qu'il faudrait dire) — leur organisation définitive, M. André Jung. A la mort de ce dernier, arrivée en 1863, la ville de Strasbourg, pour des raisons qu'il serait inutile d'examiner et de discuter ici, maintenant que tout objet de litige a malheureusement disparu, se crut en droit de ne plus observer la convention signée par elle en 1803 ; à partir de ce moment l'administration des deux bibliothèques fut de nouveau confiée à deux fonctionnaires parfaitement indépendants l'un de l'autre [1].

Une seule bibliothèque est venue s'ajouter en bloc au fonds municipal, depuis soixante ans ; encore n'avait-elle pas grande valeur ; c'est celle de M. J.-G.-L. Apffel, ancien magistrat à Wissembourg, qui avait légué en 1844, par testament olographe, sa fortune considérable à notre cité, afin d'y encourager le culte et l'étude des beaux-arts et surtout de la musique. Il y aurait à mentionner encore, pour être tout à fait complet, le legs de la bibliothèque de M. Breu, ancien fonctionnaire municipal, fait en 1852. Mais une clause du testament défendant qu'aucun volume de cette collection, riche surtout en relations de voyage, fut mis à la disposition du public, on a généralement ignoré l'existence de cette dernière donation [2].

Mais il est temps de venir au présent, après vous avoir entretenu si longtemps du passé et d'appeler maintenant votre attention sur la composition et sur la valeur intrinsèque de ces collections que nous avons vu se former lentement pendant plus de trois siècles et que les projectiles incendiaires d'un impitoyable ennemi ont réduites en cendres pendant le cours d'une seule nuit.

On a pu deviner déjà, par les quelques indications données plus haut, que la provenance diverse des livres de nos deux bibliothèques devait très-heureusement influer sur la composition générale de leur fonds. Théologiens, historiens, philologues, jurisconsultes, philosophes, naturalistes et médecins y ont successivement versé leurs collections individuelles et ont contribué à y représenter ainsi d'une manière équitable les diverses branches de l'activité scientifique. Plus tard, quand les legs furent devenus moins nombreux et quand l'accroissement des collections s'opéra principalement par les subventions annuelles du budget municipal et les allocations du Séminaire, les résultats restèrent encore assez satisfaisants, malgré l'exiguité presque ridicule des sommes accordées chaque année [3], grâce à deux circonstances surtout. Un même bibliothécaire dirigeant

---

1. Les bibliothèques publiques à Strasbourg. Note (publiée par le séminaire) 1867.
2. Voy. (Ristelhuber) lettre sur les Archives de Strasbourg, Str. 1866, p. 40.
3. La ville soldait avec 10,000 francs par an un bibliothécaire, un aide-bibliothécaire

les deux collections de 1803 à 1863, il put augmenter plus exclusivement dans chacune des deux bibliothèques telle branche spéciale et négliger telle autre, sans nul détriment pour le public, qui utilisait les ouvrages du Séminaire et de la Ville dans une même salle de lecture et de travail. La bibliothèque de la Ville achetait donc plus particulièrement des ouvrages d'histoire, de géographie, de littérature moderne, d'art, etc., celle du Séminaire par contre les ouvrages de théologie, de philosophie, de philologie, etc. Elles se complétaient ainsi l'une l'autre, tout en formant deux administrations tout à fait séparées. De plus ni l'une ni l'autre des bibliothèques n'achetait, en thèse générale du moins, de livres de droit et de médecine, parce qu'il y avait — elles existent encore — à l'Académie des collections spécialement affectées à l'École de droit et à celle de médecine, et dirigées par un bibliothécaire spécial. Néanmoins, dans les dernières années surtout, l'insuffisance des moyens de subsistance accordés aux deux bibliothèques se faisait de plus en plus vivement sentir et l'on n'arrivait plus toujours à se procurer tels ouvrages nouveaux, indispensables aux travailleurs sérieux, tandis que les acquisitions inutiles ne faisaient pas aussi complètement défaut qu'on aurait pu le désirer. Encore moins était-il possible de combler peu à peu les lacunes existantes dans la littérature des siècles passés, par des achats d'occasion, comme font avec raison les bibliothécaires d'Allemagne. Ce qui n'avait pas peu contribué dans les dernières années, à marquer une certaine décadence dans la vie de nos collections publiques, c'était l'idée fort malencontreuse de l'administration municipale de faire tous les soirs de la bibliothèque une espèce de cabinet de lecture à l'usage des classes ouvrières. L'entreprise en elle-même était fort louable, mais il aurait fallu comprendre qu'autre chose est une bibliothèque scientifique, et autre chose une bibliothèque populaire, qu'il est absurde de vouloir unir les deux et que l'on peut bien procurer une lecture honnête à des ouvriers, mais non pas faire avancer la science, en achetant les volumes vulgarisateurs de la librairie Hachette [1].

Quoi qu'il en soit des lacunes et des *desiderata* que je vous signale ainsi rétrospectivement et par pur devoir d'historien, nos deux bibliothèques formaient un ensemble qui nous en rendait fiers à juste titre, tant à cause du nombre si considérable des volumes eux-mêmes, qu'à cause de la quantité d'ouvrages et de manuscrits précieux que l'on remarquait parmi eux. Aujourd'hui que les bibliothèques ont péri en même temps que leurs catalogues, on ne peut plus guères donner que des chiffres approximatifs. Les hommes les plus compétents estiment que la bibliothèque de la Ville renfermait environ 300,000 volumes et celle du

---

et deux sous-aides, deux surveillants pour les lectures du soir, et un correspondant chargé de recevoir, à Paris, les dons du gouvernement; de plus elle devait, toujours avec la même somme, acheter les livres nouveaux, les faire relier, éclairer, nettoyer et chauffer la salle de lecture; on juge ce qui restait pour les nouveautés, bien que le traitement du bibliothécaire fût tout à fait mesquin (1400 francs!). Le Séminaire consacrait par an 3000 francs à sa bibliothèque ainsi qu'au traitement de ses fonctionnaires.

1. C'est un regret que j'exprime, non point un blâme contre le bibliothécaire qui devait se conformer aux instructions qu'on lui transmettait.

Séminaire un peu moins de 100,000[1]. M. le professeur Jung avait dressé lui-même et fait dresser pendant une carrière officielle de près de 40 ans, le catalogue systématique de ces deux vastes collections. Celui de la ville remplissait 78 volumes in-folio, celui du Séminaire 18 volumes du même format. L'organisation systématique et le numérotage des ouvrages de la bibliothèque de la Ville avaient été définitivement arrêtés en 1842. A partir de cette date, toutes les acquisitions nouvelles, achats, legs ou dons, ont été simplement intercalés au milieu des numéros existants, et il est par conséquent impossible de se rendre exactement compte, aujourd'hui que la bibliothèque elle-même n'existe plus, du nombre véritable des ouvrages qui s'y trouvaient, malgré les relevés imprimés des acquisitions nouvelles publiés depuis une trentaine d'années; souvent un seul numéro revenait cinq ou six fois pour différents ouvrages, successivement intercalés avec un chiffre secondaire, et d'ailleurs tel numéro représentait des séries entières d'ouvrages, comme p. ex. celui des *Documents inédits sur l'Histoire de France* ou celui des publications de l'Académie impériale de Vienne, etc[2].

Pour ce qui est des imprimés on est donc réduit, lorsqu'on veut sortir des généralités, aux treize brochures indiquant les achats faits depuis 1834, et qui n'offrent aucun intérêt parce qu'elles ne contiennent que des titres d'ouvrages modernes. On peut affirmer cependant que pour certaines branches, telles que la théologie historique, l'histoire, la géographie, les collections de Strasbourg étaient à peu près complètes; les livres publiés avant 1789 étaient réunis ici, sauf de très-rares exceptions et les rubriques surtout relatives à l'histoire de France et d'Allemagne étaient exceptionnellement bien fournies. Il en était de même de l'histoire d'Alsace; heureusement qu'ici l'on peut dire que le mal n'est pas irréparable, en ce qui concerne les imprimés du moins, puisque la précieuse collection de feu M. C. F. Heitz a été préservée de tout danger[3]. Quant aux manuscrits *peut-être* réussira-t-on à constater d'une manière satisfaisante les pertes subies par l'incendie du 24 août. M. Jung avait consacré de longues années à déchiffrer et à parcourir consciencieusement les manuscrits confiés à sa garde; après avoir acquis ainsi une connaissance très-approfondie de son dépôt,

---

1. Je donne un chiffre moyen; M. le professeur Reussner, bibliothécaire du Séminaire, dans une *note* que j'aurai à citer plus particulièrement dans un instant, me semble indiquer un chiffre trop restreint en parlant d'un total de 300,000 volumes pour les différentes bibliothèques; M. Th. Gerold, dans un article du *Progrès religieux* de Strasbourg (17 déc. 1870), me semble errer en sens contraire en attribuant 400,000 volumes à la seule bibliothèque de la ville.

2. Bien que ces chiffres ne puissent aucunément donner une idée exacte du nombre d'ouvrages et de volumes, existant en 1870, je cite les totaux de 1842 comme pouvant faire saisir l'importance *relative* des différentes branches de la bibliothèque de la ville : Théologie : 15349 n°°. Philosophie : 1609. Linguistique : 1101. Littérature ancienne : 3353. Sciences, arts, industrie : 3182. Littérature moderne : 5689. Histoire : 15058. Alsatica : 3720, etc. Il ne faut pas oublier, je le répète, que grâce au système adopté (1a 1b 1c 1d, etc.), le même numéro se reproduisait quelquefois cinq ou six fois.

3. Sur cette splendide collection alsatique de plus de cinq mille numéros, que la ville avait l'intention d'acquérir et qui, bien heureusement pour la science, n'était pas encore sortie des mains des héritiers au 24 août 1870, voy. *Revue critique*, 1868, II, p. 415.

il rédigea un catalogue analytique des manuscrits, dont un exemplaire, détruit avec le reste, fut conservé à Strasbourg; mais, sur la demande du ministère de l'instruction publique, il recopia ou fit recopier les cinq volumes in-folio dont se composait son travail et les envoya à Paris, où la croix de la Légion-d'honneur lui fut accordée en récompense de ce travail de bénédictin[1]. M. Jung avait essayé de trancher dans ce catalogue toutes les questions qui se rattachaient à des manuscrits très-divers et provenant souvent d'auteurs très-peu intéressants, il y examinait la date de la composition, tâchait de fixer l'époque de la rédaction du ms. recherchait le nom de l'auteur, s'il était inconnu, etc. Qu'est devenu l'exemplaire de Paris? A-t-il été déposé à la Bibliothèque nationale, ou bien a-t-il été égaré dans quelque bureau du ministère, il y a vingt ans? Il y aurait quelque intérêt à le retrouver aujourd'hui, car c'est par lui seul que nous pourrions être instruits sur nos pertes véritables, l'immense majorité de ces manuscrits n'ayant plus été ouverts depuis que M. Jung y avait touché et étant restés forcément plus ou moins ignorés de ses successeurs eux-mêmes, dont la besogne courante absorbait suffisamment les loisirs[2]. Vous comprendrez donc combien il est difficile à quelqu'un, qui n'a jamais été à même d'explorer à son aise ces trésors entassés dans une arrière-salle de la bibliothèque, de vous rendre un compte tant soit peu exact de ce qui s'est perdu. A défaut de renseignements tout à fait précis, je vous envoie quelques noms et quelques chiffres puisés dans mes propres souvenirs, dans un discours prononcé par J. M. Lorenz, bibliothécaire et professeur d'histoire à l'Université, en 1772[3], ainsi que dans une note sommaire rédigée par M. le professeur Reussner, bibliothécaire du Séminaire protestant, et publiée par M. Schnéegans, ancien député du Bas-Rhin à l'Assemblée de Bordeaux, dans le premier volume de son histoire de la *Guerre en Alsace*[4]. Ces renseignements sont malheureusement bien vagues, mais ce sont encore les plus précis que j'aie pu me procurer ici. M. Reussner nous dit que la ville possédait environ 1600 manuscrits, le Séminaire environ

---

1. Ces détails sont empruntés à la notice sur M. Jung, publiée en 1863, par M. le professeur Charles Schmidt, son collègue, le savant historien des Cathares et des Albigeois et l'un des plus érudits connaisseurs de notre passé alsacien.

2. Depuis que j'ai rédigé cette notice, des renseignements obligeamment transmis de Paris, ont détruit l'espoir que j'exprimais de pouvoir constater au moins avec exactitude l'étendue de nos pertes, grâce à ce second exemplaire du catalogue des manuscrits. Voici en effet ce que m'écrit mon correspondant : « Des recherches que nous avons faites à cet » égard il résulte : 1° que le ministère de l'instruction publique possède actuellement 24 » registres in-folio du catalogue des imprimés de Strasbourg (dont deux gros registres » consacrés aux incunables); 2° que le tome I et le tome V du catalogue des mss. ont » seuls été envoyés au ministère par M. Jung en 1844; 3° que ces deux volumes ont été » retournés à l'auteur le 18 mars 1854. Le ministère ne possède, en ce qui concerne les » mss. de Strasbourg, que quatre cahiers, reçus en 1842, qui paraissent appartenir à un » premier essai de catalogue antérieur à M. Jung et ne donnant rien de plus que la liste » sommaire donnée par Hænel. »

3. Des fragments de ce discours, qui ne fut jamais livré à l'impression dans son entier, se trouvent dans Schlœzer, *Briefwechsel statistischen Inhalts*. Gœttingen, 1775, p. 113.

4. Neufchâtel, Sandoz, 1871. Appendice I. Malheureusement les fautes d'impression sont très-nombreuses dans cette notice.

800, de valeur fort inégale du reste. Parmi tous ces manuscrits il en était un qui jouissait d'une célébrité européenne : le *Hortus deliciarum* de Herrade de Landsperg, abesse du couvent de Hohenbourg, jadis fondé par sainte Odile; ce manuscrit, remarquable, bien plus encore par sa valeur artistique, que par son contenu littéraire (c'est en somme un assez fantastique résumé de l'histoire profane et sacrée depuis la création jusqu'à la fin du monde, prose entremêlée de vers, espèce d'encyclopédie de tout le savoir religieux et mondain du xiie siècle), était exhibé à tous les visiteurs de la bibliothèque; et plus d'une des charmantes miniatures dont il était rempli, avait été clandestinement découpée jadis de ses feuillets. Écrit vers 1175 [1], il était surtout, grâce à ces innombrables dessins, une mine précieuse de renseignements pour l'histoire de la civilisation au xiie siècle. Un écrivain strasbourgeois, M. Engelhardt, a publié jadis un volume sur cet ouvrage curieux, ainsi qu'un atlas de planches coloriées, qui pourra donner plus tard encore une faible idée de l'original à ceux qui ne l'ont jamais vu [2]. Quant à la copie manuscrite incomplète qui en existait au xviiie siècle, je n'en ai jamais entendu parler dans le monde savant de Strasbourg comme subsistant encore aujourd'hui et je manque complètement de renseignements à cet égard [3]. Parmi les autres curiosités citons encore le *Codex argenteus* (on l'appelait ainsi à Strasbourg, sans vouloir faire concurrence au manuscrit d'Ulfilas, conservé à l'Université d'Upsal), livre de prières du viiie ou du ixe siècle écrit en caractères d'or et d'argent sur du vélin pourpre, des missels et des bréviaires royaux, ornés de miniatures et d'arabesques, des volumes de lettres autographes d'hommes célèbres du xvie et du xviie siècle, les actes du procès intenté par Gutenberg aux héritiers d'un bourgeois de Strasbourg, son associé pour l'invention de l'imprimerie, etc.

Vous connaissez, pour l'avoir rencontrée partout, cette catégorie de manuscrits qu'on expose sous des vitrines dans les bibliothèques et qu'on exhibe aux touristes pressés de voir et peu capables de juger de choses pareilles; c'est rarement celle qui offre le plus d'intérêt à l'érudit et au travailleur sérieux. Cependant ce sont là malheureusement à peu près les seuls que nous trouvions mentionnés et décrits dans les diverses notices, publiées sur les bibliothèques de Strasbourg. Quant aux autres, il faudrait s'adresser aux hommes spéciaux qui ont eu l'occasion de les consulter, pour en connaître au juste la valeur; je ne pourrai guères vous parler pour ma part en connaissance de cause, que des manuscrits historiques, relatifs à l'Alsace; mais afin de remplir au moins en partie

---

1. On lisait au folio 319 B : « Facta est haec pagina anno MCLXXV. » M. Piper, de Berlin, est le dernier savant qui ait examiné de près le curieux manuscrit, en 1857; il en a publié des fragments (*Das Martyrologium und der Computus der Herrad von Landsperg*, Berlin, 1862) et il annonçait récemment de nouvelles publications sur ce sujet.

2. *Herrad von Landsperg und ihr Werk, Hortus deliciarum*. Stuttgart, 1818.

3. Cette copie est signalée par M. Le Noble, dans la notice, malheureusement assez médiocre, du *Hortus deliciarum*, qu'il a publiée dans le t. Ier, *Bibliothèque de l'École des chartes* (p. 240). Elle est tronquée, et les miniatures n'y sont pas reproduites. Elle fut exécutée en 1695 par un chartreux de Molsheim; mais où peut-elle se trouver actuellement?

la tâche volontaire que je me suis imposée aujourd'hui, je continue à extraire quelques données du discours de Lorentz et de la note de M. Reussner, déjà citée plus haut, ne m'arrêtant plus qu'aux manuscrits qui avaient une certaine valeur scientifique. Citons tout d'abord le recueil des lois canoniques de l'évêque Rachion de Strasbourg, rédigé en 788, et curieux surtout parce que les fausses Décrétales manquent encore dans cette collection[1]; nommons ensuite un bel exemplaire de la *Lex Alamannorum*[2] et des capitulaires des souverains carolingiens, appartenant au ixe siècle, un recueil des lois siciliennes et lombardes, du xiiie siècle, un commentaire grec sur les douze petits prophètes par Théophylacte, le patriarche des Bulgares. Les historiens ecclésiastiques se sont également beaucoup servis d'un ms. grec, intitulé *Synodicon*, qui contenait le sommaire de tous les conciles tenus par l'Église avant le schisme d'Orient, et datant du commencement du xe siècle. Le théologien Pappus qui l'acheta à Damaros d'Epidaure, le publia pour la première fois en 1601. Depuis Labbe, Hardouin, Mansi, Fabricius dans sa *Bibliotheca graeca*, l'ont reproduit tour à tour. Mentionnons encore dans la même rubrique la *Passio Trudperti Martyris*, ms. du ixe ou xe siècle, et présentant une rédaction différente de celle des quatre mss. utilisés par Papebroch dans les *Acta Sanctorum*, etc. La littérature allemande du moyen-âge était représentée par des manuscrits des mystiques chrétiens, maître Eckart et Jean Tauler, par certains ouvrages de Conrad de Würzbourg, de Boner et de Gotfrid de Haguenau. Les manuscrits d'auteurs classiques étaient assez nombreux, mais d'une valeur fort inégale; bien peu méritaient, à ce qu'il paraît, un examen plus approfondi; parmi ces derniers on cite un Quintilien, un Ovide du xe siècle, un Horace, un Virgile, etc.[3] On mentionne surtout aussi un recueil des mathématiciens grecs d'Euclide à Théon d'Alexandrie, qui renfermait des écrits qu'on a crus longtemps perdus, tels que la *Dioptrique* de Héron, etc.[4] Comme je n'ai jamais vu, même de loin, les manuscrits de cette catégorie, je m'abstiens sagement de vous en dire davantage.

La perte la plus douloureuse, à mon avis, est celle des nombreux manuscrits

---

1. Koch a fait sur ce ms. un mémoire publié dans le vol. VII des *Notes et extraits des mss. de la Bibl. du Roi.*

2. Lorentz dit de ce ms. « Inprimis Alemannicus (codex), omnium antiquissimus, ab » Heroldi et Lindenbrogii lectionibus, quae semper pro norma steterunt caeteris, in me- » liora saepe digreditur. » Schlœzer, p. 115.

3. Voici comment Lorentz énumère ces mss. : « Nihil etiam accipietis de classicis » nostris auctoribus, de Ciceronis, Horatii, Ovidii, Virgilii, Senecae, Flori codicibus, de » Symmachi et Ennodii manuscriptis epistolis, de tot Patrum Ecclesiae, de Hermae Pas- » toris, Ambrosii, Augustini, Pauli Orosii, Magni Gregorii, Bedae Venerabilis, codicibus » splendidis, a Ruinarto etiam et Mabillonio, cum superioris saeculi fine Bibliothecam » nostram inviserent, cum animi voluptate spectatis. »

4. Les mss. grecs de la bibliothèque de Strasbourg ont été récemment l'objet d'une lecture à l'Académie des inscriptions, de la part de M. Ch. Wescher. On nous apprend aussi que M. Ruelle a communiqué à l'Académie une note sur certains mss. de musique, collationnés par lui pour feu M. Vincent. L'un de ces mss. a également été décrit dans une courte notice de M. Lippmann, compositeur à Strasbourg, dans le *Bulletin de la Société des monuments historiques d'Alsace,* année 1870 (avec fac-simile).

relatifs à l'histoire locale. Par suite de circonstances variées et trop longues à démêler ici, peu de provinces de la France ou de l'Allemagne ont eu autant d'historiens que l'Alsace et bien peu en ont édité un nombre plus restreint. Encore il y a deux ans, une tentative à l'effet de publier une collection de chroniques alsaciennes échoua honteusement devant l'indifférence publique. Il en résultait que presque tous les témoignages de notre passé reposaient encore inédits sur les rayons de nos bibliothèques : exemplaires uniques, rarement feuilletés, ils attendaient toujours encore une mise en lumière qu'ils méritaient depuis longtemps. Il n'existe sur toute cette partie de notre littérature historique provinciale, qui s'étendait surtout sur le xve, le xvie et le xviie siècle, aucune notice détaillée et très-peu de renseignements sérieux ; quelques noms propres, quelques titres surnageront désormais seuls, ainsi que quelques rares extraits pris à un moment où rien ne faisait prévoir la destruction de tous ces témoins du passé. La plus ancienne des chroniques alsaciennes en langue vulgaire conservées dans nos bibliothèques était celle de Jacques de Kœnigshoven, dont il existait deux exemplaires autographes, appartenant tous les deux aux premières années du xve siècle et connus sous le nom de la *Grande Chronique allemande* et de la *Chronique latine* de Kœnigshoven. L'œuvre du chanoine de Saint-Thomas, très-populaire en Alsace, y était répandue en nombreuses copies plus ou moins abrégées. Un de ces manuscrits avait été publié par J. Schilter dès 1698 [1]. Partiellement éditée déjà et connue depuis longtemps comme une des plus curieuses narrations du moyen-âge, la grande chronique allemande était publiée complètement par l'Académie de Munich au moment où la guerre éclatait ; le second volume ne parut que lorsque déjà l'original était réduit en cendres [2]. Vous me pardonnerez de m'être ainsi arrêté un moment à ce précieux manuscrit ; j'ai consacré autrefois trois mois de mon existence à le copier d'un bout à l'autre, et personne sans doute, sauf le bon chanoine de S. Thomas qui le rédigea il y a quatre siècles et demi, n'en a manié les pages aussi souvent que moi. Avec son histoire a péri son grand *Glossaire* inédit.

Une longue liste d'autres chroniques fait suite à ces premiers récits. Je nommerai seulement la Chronique de Pierre Hermann d'Andelo, écrite vers 1400 [3], la Chronique de Materne Berler, de Ruffach [4], celle de Ealthasar Kog-

---

1. La plus ancienne en date des chroniques de Strasbourg écrites en langue vulgaire est celle de Fritsche Closener, antérieure d'une trentaine d'années au récit de Kœnigshoven. Heureusement — on peut le dire maintenant, bien que nous l'ayions regretté plus d'une fois — ce manuscrit précieux se trouve depuis une série d'années à la Bibliothèque nationale, à Paris.

2. Die Chroniken von Closener und Kœnigshofen, herausgegeben von Dr C. Hegel, Leipzig, 1870-71. 2 vol. in 8°.

3. Il faut espérer qu'au moins l'exemplaire autographe de cette curieuse chronique est sauvé ; il se trouvait au couvent de Guebwiller et fut transporté, lors de la Révolution, à la bibliothèque de Colmar, mais je ne sais s'il s'y trouve encore.

4. Des fragments de cette chronique ont été publiés dans le *Code diplomatique* de la ville de Strasbourg, I, 2, 1848. Strobel mentionne également un travail sur cet historien, inséré dans les *Mémoires de l'Académie des sciences morales et politiques*, t. IV, p. 334.

mann, économe du chapitre de Saint-Pierre-le-Vieux, rédigée vers 1578 en 3 vol. in-fol., celle du peintre Sébastien Bueheler, terminée en 1586, celle d'Ulrich **Spach,** continuée par Charles et Sébastien Mueg, qui s'arrête en 1596. **Les** chroniques de Jean Meyer [1] et de Laurent Fritsch appartenaient également encore au XVIe siècle. Parmi les narrations contemporaines du siècle suivant nous ne citerons que les chroniques de George Saladin (1610), Henri Kugler (1626), J. Trausch (1629) et Jean George Bub (1630) [2]. Enfin le commencement du XVIIIe siècle a vu se terminer la grande et volumineuse chronique de la famille Wencker, en 1709. Mais à quoi bon accumuler ici les noms propres, derniers restes de ce qui n'est plus? Tous ces récits pleins de vie des trois siècles les plus intéressants de l'histoire d'Alsace sont anéantis pour toujours sans qu'aucun historien moderne ait pu les consulter et les mettre à profit [3], et désormais l'histoire de cette époque sera bien difficile à reconstituer avec les seuls documents de nos archives [4] et les maigres données des histoires générales de ce temps.

A côté des chroniques ont péri aussi tous les originaux des lois et statuts de la république de Strasbourg, magnifique et volumineuse collection dont la place était sans contredit aux archives et qu'un inconcevable caprice en avait extrait jadis, comme pour la voir détruite avec tous les autres souvenirs du

---

1. Cette chronique de J.-J. Meyer, qui fait suite à celle de Kœnigshoven, et qui a été continuée par d'autres jusque vers le commencement du XVIIe siècle, représente seule aujourd'hui l'historiographie alsacienne inédite du XVIe siècle. Une copie, incomplète il est vrai, de cette curieuse narration se trouve dans la collection Heitz. Je m'occupe en ce moment même d'un travail sur ce sujet et peut-être que maintenant, où les débris seuls de nos anciens trésors nous restent, je trouverai quelque encouragement à la publication de l'œuvre elle-même, malgré le peu d'espoir que me laisse l'expérience de tentatives de ce genre récemment encore échouées.

2. Il se peut qu'une des chroniques strasbourgeoises les plus curieuses de cette époque (seconde moitié du XVIIe s.), celle du peintre Jean Walther, terminée en 1676, nous soit conservée. Stobel, dans son *Histoire d'Alsace* (V, p. 211), disait en 1846, que l'exemplaire autographe se trouvait entre les mains d'un de nos concitoyens, M. Silbermann, imprimeur à Strasbourg.

3. Strobel seul avait parcouru rapidement un certain nombre de ces manuscrits, mais il n'en avait nullement tiré tout le parti désirable, ainsi que j'ai pu le constater plus d'une fois, en étudiant les sources de l'histoire du XVIIe s. dans ces mss. et en comparant ce qu'il y avait puisé avec ce qu'il y avait laissé. L'énumération la plus complète, quoique très-sommaire encore, de ces chroniques, que je connaisse, se trouve en tête du premier volume des *Notices historiques statistiques et littéraires sur la ville de Strasbourg*, de J.-F. Hermann, publiées en 1817 et qui renferment une foule de notices curieuses, sur le passé de Strasbourg. L'ouvrage, généralement trop peu connu, de l'ancien maire de Strasbourg, autrefois membre du Conseil des Cinq-Cents, consacre également un chapitre très-court, il est vrai, aux bibliothèques. II, 372-380.

4. Puisque je mentionne ici les archives, permettez-moi de me réjouir de ce qu'au milieu de tant de pertes irréparables, ces dépôts du moins sont restés intacts. Les Archives de la Préfecture ont été déposées en partie dans la crypte de la Cathédrale; celles, bien plus importantes de la ville, si curieuses pour l'histoire générale, grâce au rôle politique considérable joué par notre petite république strasbourgeoise, ont été descendues dans les caves de l'Hôtel-de-Ville, tandis que les obus prussiens venaient s'abattre en grand nombre sur cet édifice; grâce aux soins, au dévouement de M. Brucker, l'excellent conservateur de ce dépôt, pas une pièce n'a été détruite ou perdue.

passé. Enfin nous avons vu anéantir également toutes ces intéressantes collections de documents et de notes inédites, depuis les *Collectanées* de Daniel Specklé, le célèbre ingénieur strasbourgeois du XVIᵉ siècle, jusqu'aux papiers si nombreux de Schœpflin, jusqu'aux cartons archéologiques et littéraires de Silbermann, de J. J. Oberlin et de Joseph Schweighæuser, si riches en notices et en détails pour l'histoire de notre province [1]. Avec quel zèle aurions-nous tous travaillé pendant ces dernières années pour arracher au moins quelques débris à la destruction finale si nous avions su qu'il n'y avait plus un moment à perdre pour préserver nos moissons de l'orage !

A côté des manuscrits il faut mentionner encore les deux collections d'incunables; la ville en comptait près de 5000, le Séminaire environ 4300, dont 1134 non datés. M. Reussner signale surtout le *Codex rationalis divinorum officiorum* de Durand, imprimé à Mayence par Schœffer, en 1459, les *Ciceronis officia* imprimés par Fust en 1462, la *Bible allemande* de 1466, imprimée par Mentelin, de Strasbourg, etc. [2]

Enfin la bibliothèque du Séminaire renfermait encore une collection spéciale, primitivement formée de deux parties distinctes et connues sous le nom de la *Bibliothèque grise*, et de la *Collectio Wenckeriana*. C'était à mon avis le joyau le plus précieux de cette bibliothèque au point de vue historique. Figurez-vous environ 500 gros volumes in-4°, renfermant chacun de 30 à 40 pamphlets, feuilles volantes, actualités en prose et en vers du XVIᵉ et du XVIIᵉ siècle ! Quelle riche moisson de faits et de détails oubliés, de traits de mœurs, de couleur locale, à trouver pour le romancier, le peintre et l'historien dans ces 15 à 18,000 brochures ! C'était comme un monde nouveau qui se révélait au lecteur et jamais je n'ai mieux compris toute l'insuffisance de l'historiographie officielle pour nous faire saisir le caractère d'une époque, qu'en parcourant les volumes de cette précieuse collection, dont tant de pièces étaient certainement uniques, et qui pouvait fièrement se poser en rivale des collections analogues de Münich, de Dresde, de Wolfenbüttel et de Berlin. Tout cela, tout cela encore irrévocablement perdu, sans qu'il soit même possible de démontrer au monde savant combien grandes ont été nos pertes [3] !

Je ne vous parlerai pas des autres collections renfermées dans les salles de

---

1. Il ne faut point confondre ce J. Schweighæuser, originaire de Haguenau, et mort comme notaire à Strasbourg, en 1773, connu surtout par de nombreux travaux, restés presque tous inédits sur les ordres religieux en Alsace, avec ses homonymes plus célèbres, l'helléniste et l'archéologue, qui n'étaient pas ses parents, et qui étaient d'origine strasbourgeoise.

2. Puisque, comme on l'a vu par une des notes précédentes, il existe encore à Paris un catalogue, au moins partiel, des incunables de Strasbourg, quelque amateur bibliophile se décidera peut-être à examiner de plus près nos pertes en ce qui concerne ce chapitre.

3. Cette collection était beaucoup trop peu connue parce que malheureusement il n'en existait point de catalogue, de sorte qu'on allait tout à fait à l'aventure; mais aussi que de découvertes réjouissantes et inattendues ! J'avais récemment commencé le catalogue de la collection Wencker ; malheureusement les douze cents fiches environ, déjà écrites, étaient déposées à la bibliothèque et ont brûlé avec le reste.

nos bibliothèques et qui ont également péri. Les antiquités celtiques, romaines, germaniques, égyptiennes, de Schœpflin [1], le musée alsatique d'archéologie que le dernier bibliothécaire de la ville, M. Saum, venait à peine d'installer, les beaux vitraux peints de la Chartreuse de Molsheim, chef-d'œuvre des frères Laurent et Benoît Linck, les portraits des magistrats et dignitaires universitaires qui ornaient les salles de la bibliothèque, tout, jusqu'à notre riche médailler, a disparu sans laisser de trace ; les pierres les plus massives ont été écrasées par la chute des poutres ou bien effritées par la chaleur de l'incendie. En même temps qu'eux périssaient les souvenirs les plus populaires de notre vieille histoire locale, notre vieille bannière républicaine du xve siècle, le bonnet rouge dont on orna la flèche de la Cathédrale pendant la Terreur, et le fameux pot en bronze que les Zurichois amenèrent en 1576 à Strasbourg, rempli d'une bouillie de mil encore chaude, pour montrer avec quelle rapidité ils voleraient au secours de leurs alliés en cas de danger ; ils nous l'ont prouvé, ces braves Suisses, à trois cents ans de distance, en venant, si simplement et avec tant de noblesse, arracher nos femmes et nos enfants à ce bombardement sans relâche sous la pression duquel le général de Werder espérait briser l'énergie des citoyens de Strasbourg !

De tous ces quatre cent mille volumes, de tous ces manuscrits, de tous ces souvenirs en pierre ou en bronze, qui nous rappelaient le passé, de tout ce monde intellectuel où des centaines de travailleurs venaient chercher le pain quotidien de l'esprit, il ne reste que des débris informes et quelques feuillets noircis que le plus léger souffle fait voler en poussière. De tous ces trésors de l'intelligence on n'a retrouvé qu'un tronçon du sabre de Kléber, comme si le sort avait voulu finir cette lugubre tragédie par un éclat de rire moqueur. Je n'ai pas besoin de vous dire combien ce désastre a rudement frappé tous ceux qui savaient apprécier à leur juste valeur et qui contemplaient, non sans orgueil, ces richesses réunies par le zèle intelligent de nos pères ; mais, chose digne de remarque ! ce n'est pas aux sphères plus élevées de la société que s'est bornée l'expression d'une sincère et profonde douleur. Je n'oublierai jamais, pour ma part, cet homme du peuple, simple ouvrier en blouse, que je rencontrai le lendemain du 24 août, devant les ruines encore fumantes du Temple-Neuf, et qui, pleurant à chaudes larmes, s'écriait : « O *notre* pauvre bibliothèque ! C'est là ce qu'ils ont fait de plus indigne ! » Je l'avoue, la colère naïve de cet homme qui peut-être savait à peine lire, pour qui certes cette bibliothèque n'avait été jusqu'ici qu'une splendide inutilité, et qui pourtant sentait vaguement qu'il venait de se commettre ici un véritable forfait, un crime de lèse-civilisation, m'a profondément touché et je tenais à la rappeler ici.

Mais, en présence de cette catastrophe qui n'a point de pareille

---

[1]. J. J. Oberlin avait commencé la description de ces collections, acquises en partie à Rome, dans son *Museum Schœpflini*, publié à Strasbourg, 1783, in-4°, et resté inachevé.

dans l'histoire et qui, — espérons-le du moins à l'honneur de l'humanité, — n'en aura jamais, il me reste un dernier devoir à accomplir, c'est d'examiner en quelques mots sur qui doit retomber la responsabilité de ce terrible sinistre. Bien que cette lettre ait pris déjà des développements inattendus, vous ne me refuserez pas l'espace nécessaire pour exprimer là-dessus, avec le calme exigé de l'historien, mais avec la franchise qui ne l'est pas moins, ma conviction profondément arrêtée, et que tous les sophismes et tous les mensonges, déjà en voie de formation autour de nous pour détourner l'indignation publique, ne sauraient ébranler désormais.

L'incendie du 24 août a-t-il été le résultat d'un funeste hasard, ou bien, n'est-ce pas de sang-froid que tous les trésors détruits par l'ennemi ont été voués à la destruction? A-t-on fait tout ce qu'il était humainement possible pour mettre à l'abri du danger ces précieuses collections ou pour les disputer aux flammes, alors que le moment fatal fut venu? Je ne puis répondre à ces questions sans soulever à coup sûr des protestations véhémentes autant qu'intéressées de l'autre côté du Rhin, sans froisser peut-être, ici même, quelques susceptibilités autour de moi. Rien, je l'affirme, n'est plus éloigné de ma pensée que des personnalités inutiles, et vous savez bien que je ne toucherai ce terrain toujours brûlant que dans la mesure du strict nécessaire. Mais si j'entends bien me refuser cette triste consolation de maudire injustement le vainqueur, qui souvent reste seule au vaincu, et si je m'efforce d'écarter en ce moment toute inspiration d'antagonisme national, pour arriver à une perception plus nette de la vérité historique, je ne comprendrais pas davantage que des appréhensions personnelles pussent m'empêcher de l'énoncer bien haut, après l'avoir trouvée et je n'ai point la conscience facile de plusieurs qui protestaient, il y a dix mois, avec une indignation bruyante contre de pareils attentats et dont le servilisme intéressé n'y voit plus, aujourd'hui que la victoire est décidée, qu'une salutaire dispensation de la Providence.

Ceux qui connaissent Strasbourg, ou plutôt qui le connaissaient avant que tant de quartiers de la ville, avant que presque tous nos édifices publics ne fussent plus qu'un monceau de ruines, se rappellent l'immense toiture du Temple Neuf, couronnement disgracieux d'une église gothique de proportions très-vastes et très-belles, mais dont on ne pouvait se rendre compte à cause du mur mitoyen qui séparait la bibliothèque du Temple, le chœur de la nef. Après la cathédrale c'était de beaucoup la construction la plus élevée de notre cité. Soit qu'on contemplât cette surface de plusieurs centaines de mètres carrés de tuiles noircies, surmontée d'un clocheton rabougri, du haut de la plate-forme de la cathédrale, soit du dehors, en rase campagne, elle ressemblait à une immense ardoise, préparée pour recevoir une inscription quelconque. Mais grâce à cette configuration même, si peu conforme aux règles de l'architecture gothique, l'église du Temple-Neuf attirait immédiatement les regards quand on examinait la ville du dehors. Naguères encore, avant que la démolition des piliers et des murs de cette vaste ruine eût commencé, on l'apercevait parfaitement des hauteurs de Schiltigheim où se trouvaient les premières batteries prussiennes dirigées contre

nous au début du bombardement. Jugez donc de « l'impossibilité de voir les
« édifices sur lesquels on tirait » alors que la toiture, haute d'une *quinzaine* de
mètres au moins, venait se superposer encore aux arceaux gothiques parfaitement visibles déjà au-dessus des murs et des maisons ! Les Allemands qui nous
assiégeaient avaient les plans les plus détaillés de la ville, et d'admirables
artilleurs, à l'habileté desquels nous rendions justice tout en nous sentant
impuissants contre leurs attaques. Ils ont montré une adresse hors ligne et une
précision vraiment stupéfiante dans leur tir. Ils ont choisi, promenant méthodi-
quement l'incendie à travers la ville tout entière, les édifices publics, l'un après
l'autre, pour les réduire en cendres, et ils y ont réussi ; le Temple-Neuf avec ses
bibliothèques, le Musée de peinture et de sculpture, le Palais de Justice, le
Gymnase protestant, la nef de la Cathédrale, l'Arsenal, l'église de l'Hôpital
civil, l'Hôtel de la Préfecture, l'Etat-Major de la Place, le Théâtre, la Direction
de l'Artillerie, ont été ainsi tour à tour *cueillis* au milieu de la ville (si je puis
m'exprimer ainsi) et détruits par des bombes incendiaires qui les atteignaient
avec une précision merveilleuse. Il y eut des commencements d'incendie, heureusement étouffés dès le début, à l'église St-Thomas, à l'Hôtel-de-Ville, à l'église
St-Guillaume, etc. Qu'il y ait eu des maisons particulières atteintes çà et là par des
boulets qui ne leur étaient pas précisément destinés, nous l'admettons à la
rigueur [1]; d'ailleurs les Prussiens ne se donnaient pas la peine de viser pour un
si menu fretin ; ils tiraient dans le tas, à l'aveuglette, toujours sûrs d'atteindre
quelque chose et quelqu'un. En tout cas l'artillerie ennemie s'est montrée beaucoup trop habile pendant la durée du siége pour pouvoir plaider, au sujet de la
Bibliothèque les circonstances atténuantes de l'incendie par maladresse. L'excuse
serait ridicule autant que mensongère quand on songe qu'au troisième coup,
une batterie prussienne a réussi à toucher, le 25 septembre, la croix en pierre
qui surmonte la flèche de la cathédrale à une hauteur de 140 mètres et à la
briser [2]; et les artilleurs qui ne manquèrent point ce but qui présentait une surface
d'un demi-mètre à peine, auraient été assez maladroits pour cribler de centaines
de projectiles un immense édifice qui présentait une surface de plusieurs centaines de mètres carrés ? On sait du reste quel était le plan du général prussien.
Croyant, par suite d'une malencontreuse proclamation du général Uhrich, inspi-
rée par le préfet impérial, M. le baron Pron [3], que la discorde régnait parmi les

---

1. Il s'agit ici du temps qui s'écoula après les premiers jours du *grand bombardement*,
comme on disait à Strasbourg ; car du 23 au 29 août les ennemis, espérant encore inti-
mider les habitants, ne se bornèrent pas, comme plus tard, à détruire systématiquement
les édifices publics et les faubourgs qui auraient pu servir d'appui à nos troupes en cas
d'assaut, mais on tâcha d'atteindre encore autant de maisons particulières que possible,
afin d'augmenter l'effroi.

2. M. Klotz, l'architecte de l'œuvre Notre-Dame, vient de publier son *Rapport au
Maire* sur ce sujet, en une brochure fort intéressante, avec dessins à l'appui. Strasb. 1871.
In-8°.

3. Proclamation du 10 août 1870 : « Les bons peuvent se rassurer ; quant aux autres
» ils n'ont qu'à s'éloigner ! » Comme à cette date personne ne pouvait plus sortir, M. de
Werder en devait conclure que « les autres » étaient assez peu disposés à se défendre.

citoyens et qu'il existait un parti allemand dans l'intérieur des murs, il voulait forcer la reddition en agissant par la terreur sur l'esprit de la population, et la pousser à la révolte par l'effroi. Ce calcul que je m'abstiens de qualifier et que les journaux allemands ont trouvé la chose la plus naturelle du monde, échoua, comme on sait, à l'éternel honneur des citoyens de Strasbourg. La terreur du bombardement fut bien vite remplacée, même chez les faibles, par l'indignation la plus violente, et ce qui aurait été très-difficile auparavant devint tout-à-fait impossible à partir des journées de fin d'août. Mais cette *pression psycholologique et morale* n'en reste pas moins un fait avéré, avoué hautement d'ailleurs par M. de Werder lui-même[1]. Qui veut la fin veut les moyens! Or, parmi les désastres qui pouvaient le plus vivement impressionner les habitants, devait être certes la destruction de leurs plus beaux édifices, de ceux qu'ils devaient croire inviolables à l'ennemi lui-même : de là, dans le système inflexible de pression morale, l'incendie des bibliothèques et du Temple-Neuf même, de la toiture de la nef de la Cathédrale, de l'église de l'Hôpital, etc., etc. C'était logique, bien que barbare, et la guerre nous a montré que nos ennemis tenaient à la logique bien plus qu'à l'humanité. Il n'y a donc pas moyen, selon moi, — je le déclare en mon âme et conscience, après un impartial examen des faits et avec toute la douleur qu'une certitude de ce genre doit nécessairement faire ressentir à tout homme honnête, — il n'y a point moyen de nier que la destruction de la bibliothèque ait été chose préméditée; quand l'église brûlait déjà, les flammes s'élevant à une hauteur prodigieuse, éclairaient au loin le paysage, et, alors du moins, les Prussiens auraient dû reconnaître à la clarté de l'incendie, que c'était le second en importance des édifices religieux de Strasbourg qui brûlait. Mais, pendant toute cette horrible nuit, les projectiles incendiaires ne cessèrent de pleuvoir au milieu du brasier, accompagnés de boîtes à balles qui répandaient des centaines de projectiles aux alentours, afin d'empêcher l'approche. Encore le lendemain matin, à 5 heures, alors que déjà tout était à peu près consumé, les obus prussiens continuaient à tomber dans l'immense foyer. J'ajouterai ici que je sais de source certaine qu'un professeur d'une Université de l'Allemagne du Sud, — je le nommerai au besoin, — qui autrefois avait largement exploité les trésors scientifiques de Strasbourg, avait écrit une lettre très-longue et très-détaillée au général de Werder pour le prier de ménager en tout cas la bibliothèque et pour lui en décrire minutieusement la position exacte. Mais de quel poids pouvaient être les pressantes sollicitations d'un savant pour cet impitoyable soldat dont l'unique mission consistait à s'emparer de Strasbourg à tout prix?

Les Allemands, après la prise de Strasbourg, ont été passablement embarrassés

---

1. Le général Uhrich communiqua aux délégués de la population, la lettre même du général de Werder, refusant la sortie aux femmes et aux enfants de Strasbourg. En voici la fin : « Vous vous trouvez dans une ville de 80,000 âmes et vous n'avez ni casemates » ni refuges. La présence dans votre ville des femmes et des enfants est pour vous un » élément de faiblesse, dont je ne puis pas vous priver. Ce qui fait votre faiblesse fait ma » force. » Schneegans, *La Guerre en Alsace*, I, p. 116. M. S. faisait partie de la députation envoyée à Uhrich.

au sujet de l'acte de vandalisme commis par leurs soldats. Ils n'ont jamais pu expliquer comment on n'avait pas pu apercevoir un édifice religieux qui, placé en relief, dominait au loin les remparts, et comment en l'apercevant, on avait pu détruire de propos délibéré un temple consacré à ce même Dieu qu'ils avaient la prétention d'adorer avec bien plus de ferveur. Car, je le répète une dernière fois, l'idée de l'incendie *par la maladresse* des pointeurs est trop absurde, pour qu'on lui fasse l'honneur de la discuter plus longuement ici. Ils ont essayé de détourner la question en affirmant, dans les premiers jours, que les plus importants trésors de la bibliothèque avaient été sauvés : on put lire dans les journaux d'Outre-Rhin des histoires mystérieuses de citoyens confiant aux correspondants de ces feuilles qu'on avait caché beaucoup de choses précieuses, mais qu'on le niait, afin de faire rejaillir d'autant plus de haine sur les Allemands [1]. Plus tard, quand il fut bien constaté que *tout, absolument tout,* avait péri, ils rejetèrent avec un touchant ensemble la responsabilité du désastre sur les bibliothécaires strasbourgeois. Ce n'est pas nous, disaient-ils, que l'Europe savante doit accuser, nous n'avons fait que remplir un devoir pénible en détruisant cette ville obstinée, mais ce sont ces misérables bibliothécaires (*sic*) qu'il faudrait arrêter et rendre personnellement responsables des suites de leur inqualifiable négligence ; ils auraient dû entasser les plus précieuses d'entre les richesses confiées à leurs soins dans les caves voûtées, arracher pendant l'incendie même, au péril de leur vie, ce qu'on pouvait encore disputer aux flammes, etc.

C'est ici le point le plus délicat de ma tâche, mais je dois l'aborder aussi pour rendre hommage à la vérité jusqu'au bout. A-t-on fait tout ce qu'on pouvait pour sauver les bibliothèques aujourd'hui perdues ? Non, malheureusement : les mesures de précaution prises avant le sinistre étaient tout-à-fait insuffisantes en cas de danger véritable, et quelques précautions indispensables ont été complètement négligées. A qui la faute ? Au désarroi administratif tout d'abord qui fut indescriptible au lendemain de la défaite de Frœschwiller, au manque d'avertissements clairs et précis adressés à la population par les autorités militaires et civiles [2], mais peut-être aussi au manque d'initiative de la part des hommes chargés plus spécialement de veiller à ces dépôts. Jamais, malheureusement, les intérêts intellectuels de Strasbourg n'ont obtenu de la part des administrateurs et des représentants de la cité l'attention qu'ils semblaient pouvoir exiger dans une ville d'une réputation européenne dans le passé et qui n'avait pas trop démérité dans le présent. Au

---

1. Ce furent surtout les correspondants de la *Gazette d'Augsbourg*, dans laquelle M. Berthold Auerbach, le célèbre romancier, avait inséré pendant le bombardement des correspondances sur Strasbourg, qui donnaient de sa valeur morale une idée bien plus triste encore que de sa véracité historique, qui inventèrent à ce sujet de ridicules anecdotes.

2. Personne ne comprit, si ce n'est lorsqu'il était déjà trop tard pour rien faire, que le général Uhrich avait voulu parler du *bombardement,* en disant dans sa proclamation du 22 août : « Le moment solennel est arrivé ! » — Pourquoi poser ainsi des énigmes à une population dont on exigeait de si durs sacrifices, au lieu de lui dire simplement, virilement : « On va nous bombarder, mais ce n'est pas une raison pour nous rendre ! »

moment de l'investissement de la cité, il s'agissait de pourvoir à tant de choses que la protection des bibliothèques, archives, musée d'histoire naturelle, musée de peinture, etc., parut chose aussi embarrassante que superflue aux personnages qui auraient eu à donner des ordres à ce sujet. Comme je désire m'abstenir de personnalités, hélas! inutiles maintenant, à l'adresse de gens qui depuis ont acquis des droits à l'indulgence par leur conduite patriotique, je ne répèterai pas les paroles au moins fort étranges qui furent répondues alors aux fonctionnaires venant réclamer des instructions à ce sujet. Finalement, on se contenta de mettre une demi-douzaine d'hommes et quelques cuves d'eau dans les combles du Temple-Neuf, mesure tout-à-fait dérisoire en cas d'un véritable incendie. Il y avait si peu de pompes disponibles en ce moment et l'on en avait tellement besoin dans les faubourgs où les incendies avaient déjà commencé qu'il n'y en eut pas de stationnées dans l'enceinte même des bibliothèques. En présence de cette insuffisance absolue des moyens de précaution pris par l'autorité municipale, la Commission administrative de la Bibliothèque de la Ville, le corps des Professeurs du Séminaire protestant, auraient dû se réunir d'urgence pour ordonner à leurs bibliothécaires respectifs de prendre des mesures de protection et pour les soutenir de leurs conseils. Cela encore n'eut pas lieu. Abandonnés à leur initiative personnelle, ces fonctionnaires auraient pu agir encore à leurs risques et périls, et sans attendre aucune impulsion officielle; des caisses portatives, qu'on aurait pu facilement se procurer, auraient été remplies des manuscrits les plus précieux et déposées au rez-de-chaussée, dans le musée archéologique. Le feu ayant pris au second étage, le 24 août, on aurait eu le temps, si quelques hommes courageux avaient été là, — et on en aurait trouvé, — de transporter ces caisses à dix pas de là, dans les caves voûtées du Gymnase protestant, où furent déposées plusieurs bibliothèques particulières, entre autres la collection Heitz. Le bâtiment de la bibliothèque lui-même n'avait pas, par malheur, de caves, et d'ailleurs il est probable qu'elles se fussent effondrées sous le poids des masses énormes qui s'écroulèrent pendant l'incendie. Malheureusement rien de pareil ne fut fait. On laissa tout en place, pas un seul manuscrit ne quitta les rayons et chacun s'abandonnait à ce sujet à la plus trompeuse sécurité! Personne, je dois le dire, personne n'aurait cru possible qu'en plein dix-neuvième siècle une nation qui prétend marcher à la tête de la civilisation, qu'un souverain chrétien donneraient l'ordre de réduire en cendres des temples et des églises, et j'aurais, tout le premier, accusé de calomnie celui qui aurait osé soutenir devant moi une opinion contraire. Naïves illusions, dont nous avons chèrement acheté la perte, mais que nous ne devons point nous repentir d'avoir entretenues jadis, puisqu'elles montrent les victimes à un niveau moral auquel leurs vainqueurs n'ont même pas essayé d'atteindre!

Donc, quand l'incendie éclata, vers neuf heures du soir, rien n'était prêt: le feu se répandit avec une rapidité prodigieuse; les vieilles boiseries des salles de la Bibliothèque du Séminaire, qu'elles saisirent d'abord, furent en un clin-d'œil la proie des flammes; dès lors le sauvetage du moindre volume devenait presque impossible. L'escalier principal du bâtiment, au lieu d'être en pierre, était une légère charpente en bois et sa chute pouvait couper la retraite aux sauveteurs hardis qui auraient pénétré dans l'intérieur des salles encore intactes. En tout cas, c'est là mon intime conviction, on aurait pu vider encore en partie la grande salle du rez-de-chaussée, où se trouvaient beaucoup d'antiquités d'un poids minime (médailler, etc.) et, si je ne me trompe, un certain nombre de manuscrits. Mais personne ne vint. Aucun des deux bibliothécaires, soit qu'ils n'aient point été avertis dès le commencement du sinistre (ce qui est fort possible), soit qu'ils aient cru dès l'abord le malheur irréparable et le but à atteindre trop insignifiant en comparaison des dangers qu'il aurait fallu affronter pour le réaliser, ne se présenta pour diriger les efforts des hommes de bonne volonté qui se seraient peut-être trouvés si quelque chef énergique avait été là. Bientôt le feu s'étendant partout et l'ennemi couvrant, selon son habitude, le brasier de projectiles nouveaux pour empêcher toute tentative de l'éteindre, le sauvetage, difficile dès l'abord, devint impossible, absolument impossible. Le principal reproche que l'on puisse faire aux fonctionnaires chargés de la conservation de nos deux bibliothèques est donc celui d'avoir passivement attendu des ordres qui ne vinrent pas et d'avoir manqué d'initiative, croyant impossibles les actes de vandalisme sauvage que Strasbourg devait voir s'accomplir pendant près de deux mois. Ceci nous pouvons nous l'avouer à nous-même, tout en prenant notre part de responsabilité de cette absence de toute mesure de précaution, parce que tout le monde les croyait inutiles ; mais ce qui est révoltant pour tout cœur droit et honnête, c'est d'entendre ceux-là mêmes qui, de propos délibéré, ont ainsi détruit nos richesses scientifiques, de les entendre, dis-je, accuser avec une chaleureuse indignation et d'un ton de douleur hypocrite, notre négligence et notre manque d'intérêt pour les choses de l'esprit. Est-ce donc notre faute à nous si les Prussiens ont réduit en cendres l'église du Temple-Neuf, et serait-ce nous par hasard qui avons mis le feu à nos bibliothèques ? Maintenant on fait grand bruit par toute l'Allemagne de la générosité sans exemple avec laquelle on va dédommager Strasbourg de la perte de ses deux bibliothèques. Partout les libraires, les éditeurs, les savants, viennent offrir des exemplaires de leurs œuvres ou de celles qu'ils ont en magasin ; quelques bibliothèques promettent leurs doubles, des particuliers annoncent leur intention de doter l'Université germanique de Strasbourg de leurs collections particulières, etc. Tout cela, bien entendu, à l'adresse des âmes naïves qui sont au moins aussi nombreuses à Berlin qu'à Paris. On ne crée pas en effet de véritables bibliothèques du jour au lendemain ; le plus mince écrivain le sait, et quel savant allemand pourrait croire un instant qu'un pareil ramassis de volumes modernes, dût-on en réunir d'un coup cent mille, ait le droit de s'appeler une bibliothèque et puisse être utile à l'érudit qui cherche à pénétrer au fond des choses et ne veut étudier qu'aux sources ? Qui nous rendra nos manuscrits, nos précieuses collections du xvie et du xviie siècle, nos chroniques inédites, fidèles tableaux des hauts faits de nos ancêtres républicains ; qu'au moins on ne vienne pas nous dire qu'on nous remplacera tout cela, et bien au-delà ! La partie la plus précieuse de nos richesses est irrévocablement perdue. Jamais nous ne verrons renaître tous ces trésors froidement anéantis pour faire triompher un savant système de pression morale. Le souvenir de leur destruction suffirait seul pour nourrir dans nos cœurs, à côté de la douleur la plus profonde, le plus inébranlable mépris pour tous ceux qui ont concouru à cette destruction sans nom, pour tous ceux qui l'ont approuvée, pour tous ceux qui, chaque jour encore, essayent de la défendre.

Mais je dois enfin clore cette lettre, mon cher directeur. Ces souvenirs, vieux à peine d'une année, et cependant séparés déjà de nous par tant de douleurs nouvelles, par tant de tortures morales, plus poignantes encore, me font souvenir des temps plus heureux où je me traçais un plan d'avenir au milieu de ces richesses inédites dont une si faible parcelle devait jamais voir le jour. Ce souvenir, en ce moment, me semble plus douloureux que toutes nos autres souffrances; vous vous souvenez des vers du grand poète, de l'exilé de Florence :

> . . . . nessun maggior dolore
> Che ricordarsi del tempo felice
> Nella miseria. . . . .

Aussi je m'arrête ici : ma tâche d'ailleurs est remplie. Je vous ai retracé, aussi fidèlement que j'ai pu, l'histoire de nos vieilles bibliothèques, et vous pardonnerez l'abondance de détails avec laquelle je vous ai parlé de leur sort, en songeant que je disais dans ces pages comme un suprême adieu à un mort chéri qu'on quitte à tout jamais.

Agréez, etc.   Rod. Reuss.

Strasbourg, juillet 1871.

Nogent-le-Rotrou, imprimerie de A. Gouverneur.

9 782019 155599